1909 Décembre 22

VENTE
Du Mercredi 22 Décembre 1909
HOTEL DROUOT, SALLE N° 1
à deux heures

OBJETS D'ART

et

D'AMEUBLEMENT

COMMISSAIRE-PRISEUR
Me E. ORIGET
[illegible], boulevard Sébastopol

EXPERTS
MM. DUCHESNE & DUPLAN
10, rue Rossini

CATALOGUE

DES

Objets d'Art et d'Ameublement

ANCIENS ET DE STYLE

TABLEAUX, PASTELS, DESSINS

GRAVURES

MEUBLES ET SIÈGES

IMPORTANT BUREAU STYLE LOUIS XV

ARMES, BRONZES ET DIVERS

Ameublement de Salon en tapisserie

BRODERIES, ÉTOFFES, TAPIS

DONT LA VENTE AUX ENCHÈRES PUBLIQUES

aura lieu

HOTEL DROUOT, SALLE N° 1

Le Mercredi 22 Décembre 1909, à 2 heures

COMMISSAIRE-PRISEUR

Me E. ORIGET

3, boulevard Sébastopol

EXPERTS

MM. DUCHESNE & DUPLAN

10, rue Rossini

EXPOSITION PUBLIQUE

Le Mardi 21 Décembre 1909, de 2 heures à 6 heures

CONDITIONS DE LA VENTE

Elle sera faite au comptant.

Les adjudicataires paieront *dix pour cent* en sus des enchères.

L'exposition mettant le public à même de se rendre compte de l'état et de la nature des objets, aucune réclamation ne sera admise une fois l'adjudication prononcée.

Paris. — Imp. de l'Art, CH. BERGER, 41, rue de la Victoire.

DÉSIGNATION

TABLEAUX

CUYP (Genre de A.)

1 — *Vaches au pâturage.*

Panneau.

FRAGONARD (École de)

2 — *La Madeleine.*

Femme en méditation dans un paysage.

MIGNARD (Genre de)

3 — *Portrait de Jeune Femme.*

Vue en buste, en robe décolletée, en cheveux, les épaules couvertes d'un manteau bleu.

Cadre en bois sculpté et doré.

MILLERAU (Philippe)

4 — *Le Sacrifice d'Iphigénie.*

Signé à gauche.

ROKES dit ZORG (Attribué à)

5 — *Fumeur. Scène d'intérieur.*

Panneau.

ÉCOLE ALLEMANDE

6 — *Portrait d'Homme.*

Il est vu en buste, coiffé d'une toque, un riche collier sur les épaules.

Panneau.

ÉCOLE FRANÇAISE (XVIe siècle)

7 — *Portrait de Femme.*

Panneau.

ÉCOLE FRANÇAISE (XVIIe siècle)

8 — *Faune découvrant une nymphe endormie.*

Peinture sur cuivre.

Cadre italien en bois sculpté et doré.

9 — *Portrait de Jeune Femme.*

En corsage décolleté garni de perles et de dentelles, un manteau jeté sur les épaules.

10 — *Buste de Jeune Femme.*

La tête entourée d'un fichu, les épaules couvertes d'un manteau bleu.

ÉCOLE FRANÇAISE (XVIIIe siècle)

11 — *Personnages dans des ruines.*

12 — *Portrait de Jeune Femme.*

Vue en buste, vêtue d'une robe rouge ouverte, les cheveux poudrés piqués d'une rose.

13 — *Portrait de Femme, époque de la Révolution.*

14 — *Vénus endormie.*

ÉCOLE HOLLANDAISE

15 — *Paysanne près de sa chaumière, dans un paysage.*

Gouache.

16 — *Tête d'Homme coiffé d'une toque.*

Cadre en bois sculpté.

ÉCOLE ITALIENNE

17 — *Paysage.*

Panneau de forme ronde.

AQUARELLES

DESSINS, GRAVURES

BELLANGÉ (H.)

18 — *Sentinelle dans la neige.*

Aquarelle.
Signée à droite.

DOERS (S. VAN DER)

19 — *Paysage avec figures et animaux.*

Dessin au lavis.

ÉCOLE ANGLAISE

20 — *Diane.*

Aquarelle rehaussée de gouache.

ÉCOLE FRANÇAISE (XVIIIe siècle)

21 — *Scène biblique.*

Dessin au crayon noir.

22 — *Portrait de Femme, coiffée d'un large bonnet.*

Pastel.

23 — *Jeune Fille et Enfant.*

Dessin au lavis.

ÉCOLE FRANÇAISE (XVIIIe siècle)

24 — *Paysage animé de figures, entrée d'un port.*
Petit dessin à la pierre noire.

25 — *Les Plaisirs du bain.*
Dessin lavé à la sépia et relevé de gouache.

ÉCOLE FRANÇAISE

26 — *Composition à deux personnages.*
Dessin aux deux crayons sur papier bleu.

27 — *Personnages dans un paysage sur un rocher.*
Dessin au lavis et rehaussé.

ÉCOLE HOLLANDAISE

28 — *Scène de la vie villageoise.*
Aquarelle gouachée.
Cadre en bois sculpté.

29 — *Les Moissonneurs.*

— *Le Retour des champs.*
Deux aquarelles se faisant pendant.

MOZIN (C.)

30 — *Marine. Barque au bord de la plage.*
Aquarelle.

TOURNIÈRES (?)

31 — *Croquis pour un portrait d'homme.*

Dessin lavé à l'encre de Chine.

VERNET (Joseph-Cl.)

32 — *Vue du Château Saint-Ange et de la campagne romaine.*

Aquarelle.

DIVERS

33 — *Récolte d'amours.*

Médaillon rond. Peinture en camaïeu, grisaille.

34 — *Tête d'homme.*

Petite peinture ronde.

35 — *Paysage animé de personnages; le tir à l'arc.*

Fixé de forme ronde.
Cadre noir cerclé cuivre.

36 — *Portrait de Jeune Femme en costume Louis XV, avec un jeune nègre jouant de la guitare.*

Dessin à l'encre de Chine et au lavis.

37 — *The Fortunate complaint*, d'après John Warnimont.

Gravure en couleurs.

38 — Sous ce numéro : Tableaux non catalogués.

39 — Lot de cadres.

ARMES

40 — Belle épée ancienne; poignée, garde et pommeau en fer ciselé en relief et damasquiné d'argent; décor à cariatides, bouquets de fleurs et rinceaux. La lame damasquinée est à deux gorges de toute sa longueur et ajourée près du talon, avec partie ciselée à coquilles et à dauphin. Travail espagnol du XVIe siècle.

41 — Autre épée ancienne; garde à coquille ajourée, quillon incurvé.

42 — Epée italienne; garde en fer, lame à pans.

43 — Ancienne épée italienne; garde ajourée, quillon droit, lame quadrangulaire évidée au talon, avec inscriptions.

44 — Epée ancienne; garde à coquille ajourée, lame gravée.

45 — Arquebuse à rouet. Le fût et la crosse incrustés de plaques d'ivoire gravées. Le canon, à pans et filets, est gravé et porte divers poinçons. XVIe siècle.

46 — Grande arquebuse en bois incrusté. Le canon gravé à enroulements et instruments divers.

47 — Un pistolet, à quatre canons, en fer gravé. XVIIIe siècle.

48 — Deux autres pistolets. XVIIIe siècle. Un chien de pistolet à pierre.

49 — Poignard avec manche en nacre.

50 — Lot d'armes diverses.

MEUBLES, SIÈGES
ET DIVERS

51 — Grand bureau plat en marqueterie de bois clair, richement orné de bronzes ciselés et dorés. Les faces sont décorées de guirlandes et de roseaux; les deux côtés offrent, dans des encadrements de lauriers, des médaillons en biscuit à figures de femmes sur fond bleu clair; aux quatre pieds, des chutes en consoles présentent des mufles et des peaux de lions, se terminant en faisceaux enrubannés; ceinture en bronze.

Copie remarquable d'exécution de la table du grand bureau à cylindre, exécuté pour le roi Louis XV, par Riesener. (*Musée du Louvre.*)

52 — Table de milieu en marqueterie de bois de couleur, reposant sur quatre pieds à baguettes de bronze doré; la ceinture richement ornée de rinceaux feuillagés et ajourés en bronze doré. Le plateau aux coins arrondis, ceinturé de bronze. La marqueterie, sur le plateau et sur la ceinture, présente des figures symbolisant l'Astronomie, et des Amours figurant les Arts. Style Louis XVI.

53 — Petit secrétaire, d'époque Louis XVI, en marqueterie de bois rose et bois de violette.

54 — Meuble à deux corps en noyer ciré et sculpté, s'ouvrant dans le haut à un vantail et tiroirs sur les côtés; dans le bas, à deux vantaux. Style Renaissance.

55 — Petit meuble, à six pans, en noyer sculpté à rinceaux, cariatides, figures et mascarons. Il s'ouvre à un vantail dans le haut et forme niche dans le bas. Style de la Renaissance.

56 — Armoire normande, garnie de glaces.

57 — Armoire à glace en palissandre, ornée de bronzes, de style Louis XVI.

58 — Commode en marqueterie, ornée de bronzes, reposant sur quatre pieds à griffes, coins arrondis; dessus ceinturé de cuivre; elle s'ouvre à trois tiroirs. Style Louis XIV.

59 — Autre commode, de forme contournée, en marqueterie de bois rose, ornée de tirettes; entrées de serrures, chutes et sabots en bronze ciselé et doré; dessus en marbre brèche. Époque Louis XV.

60 — Commode en acajou, à filets de cuivre. Marbre blanc à galerie. Style Louis XVI.

61 — Petite table-bureau en acajou, à filets de cuivre. Style Louis XVI.

62 — Ancienne commode en marqueterie de bois clair à losanges. Dessus en marbre.

63 — Commode de poupée en bois de placage, de forme contournée. XVIIIe siècle.

64 — Secrétaire à abattant en acajou, à filets de cuivre. Très curieux intérieur à nombreux secrets. Époque Louis XVI.

65 — Armoire normande en chêne sculpté.

66 — Secrétaire à abattant en bois de rose, orné de bronzes. Époque Louis XVI.

67 — Machine électrique.

68 — Grande table en marqueterie ancienne, offrant un décor à vase fleuri et rinceaux.

69 — Fausse-cheminée en chêne sculpté, frise à rinceaux, pieds-droits à consoles.

70 — Paravent à trois feuilles en bois sculpté à rinceaux et coquilles ; le haut des feuilles à glaces biseautées ; le bas tendu de soie brochée et damassée. Style Louis XV.

71 — Paravent à quatre feuilles, garni en soie et broderies d'applications.

72 — Paravent-tryptique en broderie d'application.

73 — Trumeau, avec glace, en bois sculpté, à motifs divers et trophées de carquois en relief. Style Louis XV.

74 — Petite glace étroite, avec cadre sculpté et doré, ornée dans le haut d'un trumeau peint dans le goût de Lancret : le Concert.

75 — Grande glace, avec encadrement en bois sculpté simulant des draperies et passementeries.

76 — Glace, avec encadrement à fronton en bois sculpté et doré. Époque Louis XIV.

77 — Miroir, avec encadrement en argent.

78 — Meuble de salon en tapisserie, à bouquets de fleurs noués par des rubans se détachant sur un fond vieil or damassé. Monture en bois sculpté et doré à lauriers, à faisceaux et à palmes. Style Louis XVI. Il se compose d'un petit canapé et de quatre fauteuils à dossiers-médaillons.

79 — Trois fauteuils en acajou verni, accotoirs à têtes de griffons ailés et dorés, couverts en soie brochée à palmes. Premier Empire.

80 — Six chaises en bois laqué blanc relevé de filets d'or ; dossiers à lyres, sièges couverts en soie moirée avec motifs appliqués et soutachés, à scènes de personnages, fleurs et rinceaux. Premier Empire.

81 — Deux bergères en bois doré et sculpté à perles, enroulement de rubans, palmes et nœuds, couvertes en soie brochée à bouquets de fleurs. Syle Louis XVI.

82 — Fauteuil à haut dossier en noyer sculpté, dans le style du XVIIe siècle ; il est couvert en tapisserie ancienne au point et au petit point, figurant sur fond noir des personnages, des oiseaux, des fleurs et des rinceaux.

83 — Bergère à oreilles en noyer sculpté, à bouquets de fleurs et moulurée ; couverte en velours ciselé vert bouteille et cloutée de cuivre. Style Louis XVI.

84 — Quatre chaises Louis XVI en bois sculpté, recouvertes en velours vert.

85 — Fauteuil en bois sculpté et ciré, recouvert en velours vert. XVIIIe siècle.

86 — Deux chaises, garnies en tapisserie au point, de style Louis XIII.

87 — Un fauteuil en palissandre, garni en velours vert. Style Louis XIII.

88 — Deux fauteuils en bois sculpté et doré, recouverts en soierie brochée.

89 — Petite banquette à double accotoir en bois sculpté et doré en partie; motifs de griffons et trophées; siége couvert en soie brodée. Premier Empire.

90 — Petite banquette à dossier et accotoirs, formant coffre, en chêne sculpté, de style Renaissance.

91 — Vase en marbre veiné, formant lampadaire, avec anses en bronze ciselé à tête de Méduse. Il est monté sur un fût de colonne en bois peint.

92 — Grand plateau en ancienne faïence : personnages orientaux dans une réserve, décor bleu sur blanc.

93 — Deux vases-balustres en ancienne faïence italienne : Saints personnages dans des médaillons.

94 — Deux grands flacons en ancien verre de Bohême.

BRONZES

95 — Bronze, par Clésinger : Odalisque couchée. (*Édition Marnyhac.*)

96 — Pendule en bronze ciselé et doré, représentant le Triomphe de Cérès. La déesse est assise sur un char simulant une charrue, qui est traîné par deux taureaux caparaçonnés. Socle ceinturé de plaques de cuivre, à ornements en relief. Époque de la Restauration.

97 — Pendule-cage en bronze ciselé et doré. Le cadran entouré d'un nœud de rubans et de guirlandes de lauriers, le bas orné d'une frise : Jeux d'amour. Style Louis XVI. (*Provenant de la Maison Raingo Frères.*)

98 — Deux candélabres formés par des vases de forme ovoïde, à piédouches, en porcelaine gros bleu à rehauts d'or. Ils sont montés en bronze doré, avec anses à têtes de boucs et bouquets à cinq lumières en bronze doré. Style Louis XVI.

99 — Deux chenets en bronze ciselé et doré, formés par des entablements reposant sur quatre griffes de lion, ornés de frises et de guirlandes et surmontés par des figures d'amours au carquois.

100 — Lampe de parquet, avec abat-jour.

101 — Jardinière orientale en cuivre gravé.

BRODERIES

ÉTOFFES ET TAPIS

102 — Feuille d'écran en ancienne tapisserie, décor à vase fleuri dans des rinceaux sur fond jaune.

103 — Siège en ancienne tapisserie, décor à fleurs et rinceaux sur fond bleu.

104 — Deux manchettes de fauteuils en ancienne tapisserie fond bleu.

105 — Panneau en ancienne soierie brochée à fond bleu.

106 — Autre panneau en ancienne soie brochée, à grands ramages sur fond crème.

107 — Lambrequin en ancien point de Hongrie, à rinceaux fleuris et feuillagés, avec écusson à personnages brodé en fils d'argent. XVIIe siècle.

108 — Tapis, formé par un ancien drap fond gros bleu, brodé à fleurs.

109 — Tapis de table en satin de diverses nuances, en application de morceaux d'étoffes brodées à fleurs et à ornements divers.

110 — Tapis de table en application d'étoffe de soie et de broderie.

111 — Grand tapis de table en satin vieux rose, à bordures, orné d'applications de fleurs et de rinceaux en broderie métallique.

112 — Tapis de table en velours, avec applications d'anciennes broderies orientales.

113 — Grand coussin en velours oriental.

114 — Cinq coussins en anciens gilets brodés persans.

115 — Grande pente en broderie orientale.

116 — Grande carpette en tapis oriental, fond clair.

117 — Carpette en tapis de Smyrne, à décor rouge, bleu et vert.

118 — Grande carpette orientale.

119 — Autre carpette plus petite.

www.ingramcontent.com/pod-product-compliance
Ingram Content Group UK Ltd.
Pitfield, Milton Keynes, MK11 3LW, UK
UKHW020537180726
13839UKWH00006B/2569

9 782329 546674